ମାୟାଘେରରେ କାଳିଦାସ

ମାୟାଘେରରେ କାଳିଦାସ

ଭଗବାନ ଜୟସିଂହ

BLACK EAGLE BOOKS
2019

BLACK EAGLE BOOKS

7464 Wisdom Lane
Dublin, OH 43016
E-mail: info@blackeaglebooks.org
Website: www.blackeaglebooks.org

First International Edition Published by
BLACK EAGLE BOOKS, 2019

Mayagherare Kalidas
by Bhagaban Jayasingh

Copyright © **Bhagaban Jayasingh**

All rights reserved. No part of this publication may be reproduced, stored in a retrieval system, or transmitted, in any form or by any means, electronic, mechanical, photocopying, recording or otherwise without the prior permission of the publisher.

Cover & Interior Design: Ezy's Publication

ISBN- 978-1-64560-044-2 (Paperback)

Printed in United States of America

ବାସ୍ନା ଓ ସ୍ନାତାଙ୍କୁ

କୃତଜ୍ଞତା ଏଇମାନଙ୍କୁ :

❖ ଓଡ଼ିଶାର ବହୁ ପରିଚିତ, ଅପରିଚିତ ପାଠକ, ପାଠିକା ଯେଉଁମାନେ ବିଭିନ୍ନ ସମୟରେ କବିତାଗୁଡ଼ିକୁ ପଢ଼ି ପତ୍ର ମାଧ୍ୟମରେ ଉତ୍ସାହିତ କରିଛଂତି-

❖ କବିତାଗୁଡ଼ିକୁ ପ୍ରକାଶ କରିଥିବା ସମସ୍ତ ପତ୍ରପତ୍ରିକାର ସଂପାଦକ, ବିଶେଷକରି 'ଝଂକାର'ର ସଂପାଦକ କବି ଶ୍ରୀ ସରୋଜରଂଜନ ମହାଂତିକୁ, ଯିଏ ସଂକଳନଭୁକ୍ତ ଅଧିକାଂଶ କବିତାକୁ ଛାପିଛଂତି-

❖ କବିତାଗୁଡ଼ିକର ପ୍ରଥମ ପାଠିକା ପତ୍ନୀ ଇଂଦିରାଙ୍କୁ-

❖ ସଂକଳନର ନୂତନ ସଂସ୍କରଣ ପ୍ରକାଶ କରିବାରେ ସମର୍ଥ ଭୂମିକା ପାଇଁ କବି ସତ୍ୟ ପଟ୍ଟନାୟକଙ୍କୁ-

ମାୟାଘେରରେ କାଳିଦାସ : ୧

ଦର୍ପଣ ସାମ୍ନାରେ ନିଜକୁ ଦେଖୁ ଦେଖୁ
ଶତ୍ରୁ ପାଲଟିଯାଇଚି ସମୟ
ଐଶ୍ୱର୍ଯ୍ୟରେ ବଢ଼ିଯାଇଛି ଦଂଶନ
ଈର୍ଷାରେ ଚରିଯାଇଚି ବିଷ
ଅଂହକାରରେ କ୍ଷୋଭ ।

ରାତିର ଆଲିଂଗନରେ ନିଜକୁ
ସମର୍ପୁଥିବା ସୋରିଷ ଗଛଟି ପରି
ମୁହଁ ସାରା ବଢ଼ିଯାଇଛି ଶ୍ମଶ୍ରୁ
ମୂକ ଅହଲ୍ୟାର
ମୌନ ଅଭିଳାଷ ପରି
ଛାତିରେ ବଢ଼ିଯାଇଛି ଦୋଳନ
ଆଖିରେ ମାଡ଼ିଯାଇଚି ପରଳ
ପାଦରେ ପକ୍ଷାଘାତ ।

ଲାଗୁଚି
ସବୁ ସ୍ୱପ୍ନର ଶେଷରେ
ସୂର୍ଯ୍ୟାସ୍ତ
ସବୁ ବାଂକର ଶେଷରେ
ପାଉଁଶ
ପ୍ରତ୍ୟେକ ଭଗ୍ନାଂଶରେ ପ୍ରତିବିଂବ
ଆହତ ଅହଂର ।
ଦେଖୁନ
ଆଜି ମୁଁ ଯେଉଁ ଡାଳେ ବସିଅଛି
କାଟୁଚି ସେ ଡାଳ
ମୋ ଭିତରେ ମୁଁ ହେଉଚି ଖଂଡ ଖଂଡ
ମୁଁ ତ ଏଇ ସଂସାରର ନିଭୃତ ମାୟାରେ
ମୂର୍ଖ କାଳିଦାସ !

■

ମାୟାଘେରରେ କାଳିଦାସ : ୨

ମାୟା ଓ ମୁକ୍ତିର
ମଝି ମଝି ସଂକୀର୍ଣ୍ଣ ରାସ୍ତାରେ
ମୁଁ ନିଃସ୍ୱ କାଳିଦାସ
ଏକଦିଗେ
କୁହୁଡ଼ିର ଘନ ଆସ୍ତରଣ
ନା ଦିଶୁଚି ଆକାଶ
ନା ଆକାଶରେ
ସୂର୍ଯ୍ୟଂକର ହେଉଅଛି ଉଦୟ ନା ଅସ୍ତ ।

ଅନ୍ୟ ଦିଗେ :
କୁଂଡଳ ମାଛଂକ ପରି ଦିଶୁଅଛି
ଚକ୍‌ଚକ୍
ଦିଗ୍‌ବଳୟ
ତୋଟାମାଳ, ତଟ ଓ ତରଂଗ ।

ମାୟା
ଏବଂ
ମୁକ୍ତି
ଉଭୟଙ୍କ ମଧ୍ୟମ ବିଂଦୁରେ
ମୁଁ କାଳିଦାସ
କାହିଁକି ଯେ ମୋତେ ତୁମେ
ଡାକୁଅଛ ବାରଂବାର
ବେଳେବେଳେ
ତ୍ରସ୍ତ କେଉଁ ଅରଣ୍ୟର ନିଘଂଚ କୋଣରୁ
ଆଉ କେବେ
ଅସମର୍ଥ ଗୋପାଳ ଶିଶୁର
କରୁଣ ବଂଶୀରୁ

ମୁଁ କିଂତୁ
ପାରୁନି ଡେଇଁ ତିନି ଗାର
ମାୟାମୃଗ ଡେଇଁ ଡେଇଁ
ଖେପୁଅଛି ଅରଣ୍ୟୁ ଅରଣ୍ୟ
ଅରଣ୍ୟର ଶୋଷ ପରି
ଲଂବିଅଛି...
ତା' ବିଚିତ୍ର ସ୍ୱର !

■

ମାୟାଘେରରେ କାଳିଦାସ : ୩

କାଳିଦାସ !
ଦେ ହାତ ବଢ଼େଇଦେ ଆଗକୁ
ଆଂଜୁଳାରେ ଭରିନିଏ ଯାହା ସବୁ ପ୍ରାପ୍ୟ ତୋର
ହୀରା, ନୀଳା, ମୋତି, ମାଣିକ୍ୟ
ପୁଷ୍ପରାଗ, ପ୍ରବାଳ, ଗୋମେଦ
ମର୍କତ, ବୈଦୂର୍ଯ୍ୟ, ବୈକୁଣ୍ଠ ।

କାଳିଦାସ !
ବଢ଼େଇଦେ ହାତ ତୋର
ହାତରେ ଟେକିଦେ ଗୋବର୍ଦ୍ଧନ
ଅନ୍ୟତମ କୃଷ୍ଣ ପରି ଗୋପୀମାନଂକୁ କହିଦେ
କେଳିରେ ହୁଅଂତୁ ପ୍ରମତ୍ତ
ନିର୍ଭୟରେ, ଭୁଲିଯାଂତୁ ସେମାନେ
କେଉଁଠି ଓ କ'ଣ !

ଧୀରେ ଧୀରେ ବଢ଼େଇଦେ ପାଦ
କାଳିଦାସ !
ରାସ୍ତା ସାରା ରଜ୍ଜୁ ଆଉ ସର୍ପ
ସବୁ ରଜ୍ଜୁ ଏକ ଏକ ସର୍ପ,
ସବୁ ସର୍ପ ଏକ ଏକ ରଜ୍ଜୁର ପ୍ରତ୍ୟୟ
ତୁ ତ ଉଭୟଙ୍କ ମଧ୍ୟ-ଇଲାକାରେ
ଚଳମାନ, ଚଳମାନ ତୋ ପ୍ରିୟ ଜୀବନ ।
ଦେ କାଳିଦାସ ଦେ
ବଢ଼େଇଦେ ତୋ ପ୍ରତ୍ୟୟମାନଙ୍କୁ
ନଦୀ ପରି ବହିଯାଂତୁ ଦୂରକୁ
ବଢ଼େଇଦେ ତୋ ସ୍ୱପ୍ନମାନଂକୁ
ସମୁଦ୍ର ପରି ଘେରିଯାଂତୁ ତୋ ପୃଥିବୀକୁ

ଯଦି ସଂଭବ, ସବୁଦିନ ପାଇଁ
ବଂଦକରିଦେ ତୋ ମୁକ୍ତିର ଫାଟକ
ମୃତ୍ୟୁକୁ କହିଦେ ସେ ବାଛିନେଉ
ନିରାପଦ ସ୍ଥାନ ।

■

ମାୟାଘେରରେ କାଳିଦାସ : ୪

ମୁଁ ପ୍ରାପ୍ତିରେ ବିଶ୍ୱାସ
କରେ ବୋଲି ତ ମୋତେ
ଘେରିରହିଛି ଅକ୍ଟୋପସ୍
ମାୟାର । ତଥାପି
ଅକ୍ଟୋପସ୍ର ଆଶ୍ଳେଷରେ
ମୋ ଲୋଭ, ତାର ଦଂଶନ
ମୋ ଉପଭୋଗର ଶେଯ ।

ଦେଖ, ମୋ ଉପରେ
ଡିମୋକ୍ଲିସ୍ର ଖଂଡା ପରି
ଝୁଲିରହିଛି ଝଡ଼
ଢାଂକିରହିଛି ମେଘ
କିଟିକିଟି ଅଂଧାର
ତଥାପି ବିଶ୍ୱାସର ଦର୍ପଣରେ
ଦିଶିଯାଉଛି ଚଂଦ୍ରାଲୋକ
ତାର ଶ୍ୱେତ ଆଲିଂଗନରେ
ଅଧୀର ଭୂପୃଷ୍ଠ ।

ଦେଖ, ଚାରିଦିଗେ
ପୋଷ୍ଟର : ପ୍ରସ୍ଥାନର ।
ପୃଥିବୀ ଓ ପ୍ରିୟଜନମାନଂକ ଓଠରେ
ଅଦମ୍ୟ ଭାଷା : ବିଦାୟର ।
ତଥାପି କେତେ ରଂଗୀନ
ଏ ଦିଗ୍‌ବଳୟ
କେତେ ଶୋଭାବଂତ
ଦୂରଂତ ପାହାଡ଼
ବର୍ଷା ପରେ ଇଂଦ୍ରଧନୁର ଚିତ୍ର !

ମୁଁ ଜାଣେନା :
ମୋ ସାମ୍ନାରେ କଣ ?
ମୃତ୍ୟୁ ନା ସ୍ୱର୍ଗ
ସୁଡ଼ଂଗ ନା ସୂର୍ଯ୍ୟାସ୍ତ
ସ୍ମୃତି ନା ସଂଗୀତ
ତଥାପି ମୁଁ ହାତମୁଠାରେ
ଚାପିଧରିଛି ବିଶ୍ୱ
ଚୁମିଦେଇଛି ଜୀବନ
ଭୁଲିଯାଇଛି କ୍ଲେଶ

ମୁଁ ତ ଏଇ ସଂସାରର
ସୌଖୀନ ମାୟାରେ
ମୁଗ୍ଧ କାଳିଦାସ !

■

ମାୟାଘେରରେ କାଳିଦାସ : ୫

ପ୍ରତିଦିନ ରାତି ହେଲେ
ମୁଁ ଫେରେ କୋଠରିକୁ ।
କୋଠରି ମଧ୍ୟସ୍ଥ ଅନାବୃତ ଅଂଧାରକୁ
ଯେଉଁଠାରେ ରାସ୍ତାଶେଷ
ସଂକେତର ପର୍ଦ୍ଦା ଝୁଲୁଥାଏ ।
ଯେଉଁପରି ଝୁଲୁଥାଏ
ନିରୀହ କଏଦୀ ଫାଶିଖୁଂଟରେ ।

ପ୍ରତିଦିନ ରାତି ହେଲେ
କୋଠରି ମତେ ଡାକିନିଏ
ପଲଂକ ପରେ ସ୍ନେହରେ ବସାଏ ।
ଯଦିଚ ପଲଂକ ଲାଗୁଥାଏ
ଅସଂଗତ, ଅପହଂଚ
ଯେମିତି ହଠାତ୍ ପବନ ଅଟକିଗଲେ
ଲାଗୁଥାଂତି ନଈକୂଳ ଗଛ ।

କାହିଁକି ଏ କୋଠରି ?
କାହିଁକି ଏ ଅଂଧାର ?
କାହିଁକି ଏ ମୃତ୍ୟୁ ?

ହୁଏତ ମୁଁ ବୁଝିପାରେ,
ବୁଝି ବି ପାରେନି ।
ତଥାପି ତାର ନିବିଡ଼ ଆଶ୍ଳେଷ
ମୋର କ୍ଷତକୁ ରଂଗୀନ କରେ
ଯେଉଁପରି ବନ୍ୟା ଜଳ ପଠାକୁ
ରଂଗୀନ କରେ ଘୋର ପ୍ଳାବନରେ ।

ତଥାପି ବାଧ୍ୟ ଛାତ୍ରଟି ପରି
ମୁଁ ସବୁଦିନ କୋଠରିକୁ ଫେରେ,
କୋଠରିର କପଟ ପ୍ରେମରେ
ଉଡ଼େ ବା ଉଡ଼ାଏ,
ତାର ସରଳ ଶୈଳୀରେ
ମୁଁ ମାୟାଗ୍ରସ୍ତ ହୁଏ ।

ଯେହେତୁ ମୁଁ ସବୁଦିନ ଫେରିଯାଏ
କୋଠରିକୁ, ନର୍କକୁ ।

■

ମାୟାଘେରରେ କାଳିଦାସ : ୬

ଏ ଦ୍ୱୀପରେ
ପଥର ପାଚେରୀଘେରରେ
ମୁଁ
କାଳିଦାସ

ମୋ ଭିତରେ ମୁଁ ବଂଦୀ ।
ଅହଂକାରୀ ନାରୀ ପରି ତାର ଅଂହର ଅଭେଦ୍ୟ
ଦୁର୍ଗରେ । ଯେଉଁଠି ପ୍ରତାରଣାରେ ଥାଏ ଉଲଗ୍ନ
ପବନ, ଚୁଂବନରେ ଚକିତ ରାଜପୁତ୍ର,
ମୁଁ
କାଳିଦାସ

ମୋ ଭିତରେ ବିଶ୍ୱ
ବିଶ୍ୱ ଭିତରେ ମୁଁ
କାଳିଦାସ

ଅର୍ବୁଦ ଅର୍ଜୁନ ମୁଁ । ଚତୁର ଶ୍ରୀକୃଷ୍ଣ ମୁଁ ।
ଉଭୟଂକ ଯୋଗସୂତ୍ରରେ ବିଯୋଗରେଖା ମୁଁ ।
ଉତ୍ତୀର୍ଣ୍ଣ ରସ-ବିଂଦୁରେ ବିଷର ପ୍ଲାବନ ମୁଁ ।

ମୋ ଭିତରେ ବଂଦୀ
ମୁଁ
କାଳିଦାସ
ମୁଁ
ପ୍ରେମ
ମୁଁ
ଘୃଣା
ମୁଁ
ତହ୍ନା
ମୁଁ
ତୃଷ୍ଣା

ମୋର ଲୋଡ଼ାନାହିଁ ସ୍ୱର୍ଗ ବା ନର୍କ
ମୋର ଲୋଡ଼ାନାହିଁ ଦୟା ବା ଦୁଃଖ
ଲୋଡ଼ାନାହିଁ ଉପଭୋଗ, ଉପଚାର ।

ହେ ସମ୍ରାଟ !
ମୋତେ ପରଶି ପାରିବ ବିଷ ?
ଭୋଜବାଜିରେ ଦେଖେଇ ପାରିବ
ଦୂରତ୍ୱର ଧ୍ୱନି, କିପରି ଓ କ'ଣ ?
ମୋତେ
ଦେଇପାରିବ ମୁକ୍ତି
ମୁଁ-ତ୍ୱରୁ
ମୁଁ
କାଳିଦାସ
ନିର୍ବାସିତ ଦ୍ୱୀପରେ ଏକା ଏକା
ଅଭିଶପ୍ତ ଯକ୍ଷଟିଏ ମୁଁ ।
■

ମାୟାଘେରରେ କାଳିଦାସ : ୭

କାଳିଦାସ ! ଦେଖ ଏ କିଏ
ଡାକୁଚି ପର୍ଦ୍ଦା ଉହାଡ଼ରୁ
ସହର ସାରା ଶୁଭୁଚି ତା ଡାକ
ସହର-ଅଂତ ଶ୍ମଶାନରୁ
ଭାସୁଆସୁଚି ତା ଶବ୍ଦ
ଦିନସାରା ଖସୁଚି ପତ୍ର
ରାତିସାରା ବହୁଚି ବତାସ
କାହିଁ କେତେ ଦୂରୁ !
ଶୁଣୁଚ ତ, କେମିତି
ଉଚ୍ଚାଟରେ ସେ ଡାକୁଚି
ସୂର୍ଯ୍ୟାସ୍ତରେ ଅନବର୍ତ୍ତ
କଂପୁଚି ତା କଂଠ
ଘନ ନୀଳ ଅରଣ୍ୟର ଗଂବୁଜରୁ
ସ୍ଥବିର ନଦୀର ବକ୍ଷରୁ
ଶୁଭୁଚି ତା ଡାକ
ଯେମିତି ସେ କହୁଚି :
ମୁଁ ଆସୁଚି
ଅପେକ୍ଷା କର କାଳିଦାସ !

କାଳିଦାସ !
ତମେ କ'ଣ ଭାଂଗିଦେବ ଘର
                କାଟିଦେବ ଡୋର
                ଲିଭିଯିବ ପଲକପାତରେ
ଦୃଶ୍ୟରେ ବା ଅଦୃଶ୍ୟରେ
ଫେଂଟି ହେଉଥିବ ଅଂଧାର
ଜରାୟୁରେ -
ଜରାୟୁ ଥରାଇ ଉଠୁଥିବ
ଆଲୋକର ଧ୍ୱନି
ନିତି ଆନ ପୃଥିବୀ ବଦଳୁଥିବ
କ୍ଷଣୁ କ୍ଷଣ, ଅବସୋସ ପରି ।

ମୁଁ ଗଲା ପରେ କିଏ ଜାଣେ
କ'ଣ ଥିବ, କ'ଣ ନାହିଁ
ମୁହୂର୍ତ୍ତରୁ ମୁହୂର୍ତ୍ତ ମଧ୍ୟରେ
କିଏ ଥିବ, କିଏ ନାହିଁ
ମୁଁ କିଂତୁ କାଳିଦାସ
ଚାହିଁଥିବି ଅନବର୍ତ୍ତ
କେଜାଣି, କେବେ ପୁଣି ପାହିବ
                        ଏ ରାତି !

■

ମାୟାଘେରରେ କାଳିଦାସ : ୮

- ଏକ -

ବସ୍‌ର ଦର୍ପଣରେ ଏ କାହାର ଛବି ?
ସୂର୍ଯ୍ୟର !
ନା ସୂର୍ଯ୍ୟ ତ ଏଯାଏଁ ଉଇଁନି ।
ସମୁଦ୍ରର !
ନା ସମୁଦ୍ର ତ ନିକଟେ ଦିଶୁନି ।
ରାସ୍ତା ସାରା କେବଳ କାଶତଂଡୀ
ବିଲ ଓ ଗୋହିରି ।

ସକାଳରେ, ବସ୍‌ର କାଚରେ
ଜମି ରହିଚି କାକର ।
ସୂର୍ଯ୍ୟ ବୁଡ଼ିରହିଚି ସମୁଦ୍ର ଢେଉରେ
କାଳିଦାସର
ରକ୍ତରେ ଜମାଟ ବାଂଧିଚି
ସଂଶୟ -

କାଲେ, ଭାଂଗିଯିବ କାଚ !
ଲିଭିଯିବ ଦୃଶ୍ୟ !
ଆଶାକୁ ପ୍ରତ୍ୟାଶାରେ
ଏବଂ ପ୍ରତ୍ୟାଶାକୁ ପ୍ରେମରେ
ମିଶେଇବା କଳା ଭୁଲିଯିବ
କାଳିଦାସ !

- ଦୁଇ -

ରାସ୍ତା ପରେ ରାସ୍ତା
ମୋଡ଼ ପରେ ମୋଡ଼
ଛକ ପରେ ଛକ
ଅବ୍ୟାହତ ରହିଚି ଯାତ୍ରା, ବସ୍‌ର ।
ଗଛମାନେ
ଦିଶୁଛଂତି ଏକ ଏକ ଦୀର୍ଘଶ୍ୱାସ ପରି ।
ବସ୍‌ର
ଦର୍ପଣରେ ଅବିରତ ଦିଶୁଚି ଦୃଶ୍ୟ ।

କେବେ କେବେ
ଉଜ୍ଜ୍ୱଳ ତ, କେବେ ପୁଣି
ଈଷତ୍ ପାଂଡୁର
କାଳିଦାସ
ଚାହିଁଅଛି ଅପଲକ ଚିତ୍ରକୁ
କାଲେ
ଅପ୍ରତ୍ୟାଶିତ ଭାଂଗିଯିବ କାଚ
ଲିଭିଯିବ ଦୃଶ୍ୟ !

■

ମାୟାଘେରରେ କାଳିଦାସ : ୯

କେଉଁ ପବନରେ ଉଡ଼ିଆସେ
କେଉଁ ରାଗ
ରକ୍ତ ସବୁ ଉଠିଯାଂତି ତାଳୁଯାଏଁ
ସଂଧ୍ୟା ତମାମ
ସୂର୍ଯ୍ୟ ଜଳଂତି ରକ୍ତରେ ।

ଇଚ୍ଛା ହୁଏ :
ସାରା ଉଦ୍ୟାନରୁ
ଘଉଡ଼େଇଦେବି ପକ୍ଷୀଂକୁ,
ଗଛ ଡାଳରେ ଓହଳିଥିବା ସୂର୍ଯ୍ୟଂକୁ
ତଡ଼ିଦେବି ଅସ୍ତାଚଳକୁ,
ପାପୁଲି ଭିତରେ
ଚଳୁ କରିଦେବି ସମୁଦ୍ରକୁ ।

ଇଚ୍ଛା ହୁଏ :
ଗୋଟିଏ ନିଃଶ୍ୱାସରେ
ତରଳେଇଦେବି ରାତିକୁ
ଗୋଟିଏ ତୀରରେ
ଘାଏଲ୍ କରିଦେବି ପ୍ରେମକୁ
ଲାଂଛନାରେ ଲୁଂଠନ
କରିଦେବି ନଇକୁ ।
ଆଜି
ମୋ ହାତରେ : କରବାଳ
ମୋ କଂଠରେ : ଗରଳ
ମୋ ଆଖିରେ : ଅନଳ ।

■

ମାୟାଘେରରେ କାଳିଦାସ : ୧୦

ମୁଁ ଗଲାପରେ ଆଉ କଣ
ଅଲଗା ଦିଶିବ ଯେ !

ହୁଏତ କିଛିଟା ଭିନ୍ନ ଲାଗିବେ
ସହର, ଉପବନ, ଗଳି
ଭିନ୍ନ ଦିଶିବେ ରାଜା, ରଂକ ଓ ପ୍ରହରୀ
ଅଦୃଶ୍ୟରେ ଲଟଉଥିବା
କଖାରୁ ଡଂକରେ
ଭିନ୍ନ ଦିଶୁଥିବେ କଂକି ।

ଶହଶହ ଉଲ୍କା ପରିହିତ
ଆକାଶରେ ଚଂଦ୍ର
ସଂଚରୁଥିବ ଭୂଇଁଠାରୁ ଆକାଶ ପର୍ଯ୍ୟଂତ
ଶ୍ୱେତାଂଗଂକ କବର ଉପରେ ନକ୍ଷତ୍ର
କିଂବା ନୋଳିଆଂକ ବସ୍ତିରୁ ସମୁଦ୍ର
ଦିଶୁଥିବେ ଭିନ୍ନ ।

ମୁଁ ଗଲାପରେ, ମୁଁ ଆଉ
ନଥିବି ମୁଁ ହୋଇ ।
ହୁଏତ ଆତ୍ମୀୟମାନଙ୍କ ଆତ୍ମାରେ
ବଂଚିଥିବି ଦୀର୍ଘଶ୍ୱାସ ପରି
ସେମାନଙ୍କ ପ୍ରେମର ବଂଶୀରେ
ବ୍ୟାପିଥିବି କୋହଟିଏ ହୋଇ ।
ଦୃଶ୍ୟରେ ବା ଅଦୃଶ୍ୟରେ
ଫେଂଟି ହେଉଥିବ ଅଂଧାର
ଜରାୟୁରେ -
ଜରାୟୁ ଥରାଇ ଉଠୁଥିବ
ଆଲୋକର ଧ୍ୱନି
ନିତି ଆନ ପୃଥିବୀ ବଦଳୁଥିବ
କ୍ଷଣୁ କ୍ଷଣ, ଅବସୋସ ପରି ।

ମୁଁ ଗଲାପରେ କିଏ ଜାଣେ
କ'ଣ ଥିବ, କ'ଣ ନାହିଁ
ମୁହୂର୍ତ୍ତରୁ ମୁହୂର୍ତ୍ତ ମଧ୍ୟରେ
କିଏ ଥିବ, କିଏ ନାହିଁ
ମୁଁ କିଂତୁ କାଳିଦାସ
ଚାହିଁଥିବି ଅନବର୍ତ୍ତ
କେଜାଣି, କେବେ ପୁଣି ପାହିବ
ରାତି !

■

ମାୟାଘେରରେ କାଳିଦାସ : ୧୧

କାହିଁକି ବାରଣ କରୁଚ, ଯିବାକୁ
ଆଗକୁ ? କାହିଁକି କହୁଚ
ଆଗରେ ଅଂଧାର ବୋଲି -
ଶୁଣୁଚ, କେମିତି ମହୁଲ ଗଛରୁ
ଶୁଷୁରି ମାରୁଚି ମୋହ !

ଆପେ ଆପେ ଖୋଲିଯାଉଚି ଫାଟକ
ମଥା ନୁଆଁଇଦେଉଚି ଦରୱାନ୍
ପ୍ରତ୍ୟେକ ଖୋଲା ଝର୍କାରୁ ଶୁଭୁଚି
'ଆ-ଆ' ବୋଲି । ସବୁଆଡୁ
ଘମାଘୋଟ ବହୁଚି ପବନ !

ମୋତେ ଖୁବ୍ ଅଥୟ କରି
ଦେଉଚି ବାସ୍ନା । କାମିନୀ ଓ କାଂଚନଂକ
ଘଂଟ ଅହରହ ବାଜୁଚି ରକ୍ତରେ
ହାଡ଼ର ଝର୍କା ଦେଇ ମାଂସ
ଝହିଁରହିଚି ଉଦ୍‌ବିଗ୍ନରେ ।

କାହିଁକି ମୋତେ ନିବୃତ କରୁଚ
ମୋ ରାସ୍ତାରୁ ? ଲୋଭ ଓ ଲାଳସାର
ଦୀପାଳି ଜଳୁଚି ମୋ ଦିହ ସାରା
ଭ୍ରମ ଓ ଭ୍ରାଂତିରେ ଛଟପଟ
ହେଉଚି ଆତ୍ମା । ମୃତ୍ୟୁ
ଫେରାର୍ ଅଛି କେଉଁକାଳୁ !

ଆଜି ମନସ୍ଥ କରି ନେଇଚି :
ଶୁଣିବିନି ତମ ଡାକ ।
ମାନିବିନି ବଂଧବାଡ଼ ।
ଆଗକୁ ମାଡ଼ିଯିବାର ନିଶାରେ
ବରଂ ନିଜକୁ କ୍ରୁଶବିଦ୍ଧ କରିନେବି ।

ତମେ କ'ଣ ଜାଣିନ, ମୁଁ କାଳିଦାସ !
ନିତ୍ୟରେ ନିବାସ ମୋର,
ମାୟାରେ ମୁଁ ଚଳ ଓ ଚଂଚଳ !

■

ମାୟାଘେରରେ କାଳିଦାସ : ୧୨

କାଳିଦାସ !
ଆଜି ଏ ସଂଧ୍ୟାରେ
କାହିଁକି ଏ ସାହାନାଇ, ରୋଷଣି
କାହିଁକି ଏ ଆତସବାଜି
ଚଂଦ୍ରାତପ ଓ ହାବେଳି
            ଅଭ୍ୟାଗତ ଓ ଅତିଥି !

ରଂଗବେରଂଗ ଶାଢ଼ୀ, ମଲ୍ଲୀମାଳ
ଗଜରାରେ ଭୂଷିତ ନାରୀଏ
ତାଂକ ହାତରେ ଫୁଲଶର
ଅହଂକାରରେ ଅଂଧ ମୃଗୀ ଯେମଂତ
            କପଟର କୁଟିଳ ପ୍ରତ୍ୟୟ !

ଆଜି ସଂଧ୍ୟାର ପବନରେ
କାହିଁକି ଏତେ ବାରୁଦ
ମାଂସ ଓ ରକ୍ତର ଗଂଧ
ମାଇକ୍‌ରେ ଅସ୍ଥିର ସଂଗୀତ
କପଟ ଉଲ୍ଲାସରେ
            ଅଧୀର ଆକାଶର ଲଲାଟ ପଟଳ !

ଆଜି ସଂଧ୍ୟାରେ
ତମ ପାଦରେ ଏ କ'ଣ
କାଳିଦାସ ?
ଅଳତାର ରଂଗ !
ତମ ମଥାରେ ଏ କ'ଣ ?
ମୁକୁଟ !
ତମ ଅଂଗୁଳିରେ ଏ କ'ଣ
କୁଶବଟ !
ଆଉ ତମ ସାମ୍ନାରେ ସେ କିଏ ?
ଜରିପାଟ ମୁକୁଟରେ ବିମଂଡିତ
ଏକ ଅପରୂପ ଚିତ୍ର !
ଦେଖ
ତା ଗଭାରେ : ଲୁଂଠନ
ତା ଓଠରେ : ଦହନ
ତା ହସରେ : ଶୋଷଣ
ତା ଲାଜରେ : ବିପର୍ଯ୍ୟୟ

ହୁସିୟାର କାଳିଦାସ !
ତମ ସାମ୍ନାରେ ମାୟାସର୍ପ
ଫଣା ଟେକି କରିବ ଦଂଶନ !

■

ମାୟାଘେରରେ କାଳିଦାସ : ୧୩

ବସ୍‌ର କାଚରୁ ଦୂରଂତ ପକ୍ଷୀଂକୁ
ଦେଖୁଦେଖୁ
ମୁଁ କାଳିଦାସ ପହଂଚିଯାଏ
ମୋ ଲକ୍ଷ୍ୟସ୍ଥଳରେ
ଯଦିଓ ସେଯାଏଁ ଜାଣି ନଥାଏ ଯେ,
ଲକ୍ଷ୍ୟକୁ ମୁହାଁଇଥିବା ବସ୍
ଅଟକି ରହିଛି ମଝି ରାସ୍ତାରେ ।

ଏମିତି ଲାଗେ :
ଆରଂଭ ହେଇନି ମୋ ଯାତ୍ରା
ସାମିଲ୍ ହେଇନି ମୁଁ ଶୋଭାଯାତ୍ରାରେ
ଗୋଟାଏ ବିଂଦୁକୁ ଅନ୍ୟ ବିଂଦୁ ସହ
ଯୋଡ଼ିପାରିନି ସରଳରେଖାରେ
ଅନୁଭବରେ ଅନୁରଣିତ
ଶରୀର ପଡ଼ିରହିଛି
ଯେଉଁଠି, ସେଇଠି ।

ଏପରି କି ଅନେକଥର ମୁଁ
ଧନୁରେ ତୀର ଯୋଖିଛି
ଆକାଶସ୍ଥ ସାରସଂକୁ
ଲକ୍ଷ୍ୟ କରି ବାଣ ବିଂଧିଛି

କେବେ ନିର୍ବାକ ହୋଇ ଯାଇଛି
ପକ୍ଷୀ ତ, କେବେ ନିର୍ବାକ ମୁଁ,
ଯଦିଓ ତୂଣୀରରେ
ପଡ଼ିରହିଚି ତୀର
ଯେମିତି, ସେମିତି ।

ଏପରି କି ଅନେକଥର ନଈଦାଢ଼ରେ
କାଶତଂଡୀକୁ ଦେଖି ଦେଖି
ନିଜେ ନଈଦାଢ଼ ପାଲଟିଛି
ସେମାନଂକ ଦୂରଂତ ସ୍ନେହରେ
ହଜି ହଜି ଦିଗଂତ ଟପିଛି

ଯଦିଓ ଛୁଇଁପାରିନି ଆକାଶକୁ
ତ୍ରିଶଂକୁ ପରି ଜଳି ଜଳି
ଜାଳିଦେଇଛି ଜୀବନକୁ ।

■

ମାୟାଘେରରେ କାଳିଦାସ : ୧୪

କାହାକୁ ଜାବୁଡ଼ିଧରି ବାହୁନୁଚ
କାଳିଦାସ ? ସେ କିଏ ?
ତାଂକ ନିଶ୍ଚଳ ନିସ୍ପଂଦ ଆଖିରେ
ଜମିରହିଚି ହଠାତ୍ ହଜିଯିବାର ବିସ୍ମୟ
ତାଂକ ଶୀତଳ ପାଦ ଓ ପାପୁଲିରେ
ଝୁଲିରହିଚି କେଉଁଠି କିଛି
ଛାଡ଼ିଯିବାର ଉଚ୍ଛ୍ୱାସ ।

ଅଂଧାର ରାତି, ଘଡ଼ଘଡ଼ି ଓ ବିଜୁଳିରେ
ବଂଦ ହୋଇରହିଚି ତାଂକ ଓଠ
ଯେମିତି କିଛି କହିବାର ଉପକ୍ରମ
କରୁକରୁ ଅଟକି ଯାଇଛଂତି
ଶବ୍ଦ
ପେଚାଂକର ଘନଘନ ଚିତ୍କାରରେ
ଖୋଲୁଖୋଲୁ ମୁଦି ହୋଇଯାଇଛି
ପତ୍ର ।

ସହରର ଗଳି । ଉପଗଳି ।
ସବୁଦିଗରୁ ଶୁଭୁଚି ରାମନାମ
ସ୍ୱଜନଂକ ଲୁହରେ ଭିଜିଯାଇଛି
ଦିଗ୍‌ବଳୟ

ପତ୍ନୀଙ୍କ ଆତୁର ଚୂଡ଼ିରୁ
ଅବା ଦୁର୍ଘଟଣାର ଆକାଶରୁ
ପୋଛି ହୋଇଯାଇଛି
ସୂର୍ଯ୍ୟ ।

ତମେ କାହିଁକି କାଂଦୁଚ କାଳିଦାସ ?
ତମ ଆଖିରେ କାହିଁକି ଏତେ
ଲୁହ ?
ଲୁହରେ ଓଦାଓଦା ତମ ପଲକରେ
କାହିଁକି ଏତେ ଛିଂଡ଼ିଯିବାର ଭୟ ?
ସଂଶୟ ?
ଅତ୍ୟାଚାର ?

ସେଇ ହିଁ ଜୀବନ
କାଳିଦାସ !
ଆଜି ଝରିଗଲେ କାଲିକି ଦି ଦିନ
ଆଜି ଜମିଗଲେ କାଲି ହିଁ ପତନ !

■

ମାୟାଘେରରେ କାଳିଦାସ : ୧୫

କିଏ କହେ : ମୁଁ ଜଂଜାଳ ଓ ଯଂତ୍ରଣାରେ
ଲହୁଲୁହାଣ ଏକ ଦୁଃଖଦ ମଣିଷ
ଯା'ର ଦୁଃଖର ଉଷରରୁ ଲିଭିଯାଇଛି
ହସର ଫାଲ୍‌ଗୁନ
ଯା'ର ଯଂତ୍ରଣାର ଯୂପକାଠରୁ ଉଡ଼ିଯାଇଛି
ପ୍ରେମର ମୟୂଖ
ଯା'ର ସ୍ୱପ୍ନର ସଂଭାବନାରୁ ମରିଯାଇଛି
ରାତିର ଉଦ୍‌ବେଗ ।

କିଏ କହେ : ମୁଁ ଏଠି ଅପ୍ରତ୍ୟାଶିତ
ଦହନରେ ଜଳିଯାଇଛି ହତାଶା ପରି
ଅକାଳ ବାର୍ଦ୍ଧକ୍ୟରେ ପୋଡ଼ିଯାଇଛି
ଅଗ୍ନିଦଗ୍ଧ ବୃକ୍ଷ ପରି
ପ୍ରଚ୍ଛନ୍ନ ପ୍ରତାରଣାରେ ପେଷି ହୋଇଯାଇଛି
ପ୍ରେମହତ ପ୍ରାଣ ପରି ।

ମାୟାଘେରରେ ବଂଚିରହିଚି ବୋଲି ତ
ମୁଁ ଗୁଂଡୁଚି ପରି ଡେଇଁପାରୁଚି ଡାଳରେ
ସ୍ୱପ୍ନମାନଂକୁ ବାଂଧିପାରିଚି ଅଭିଳାଷରେ
ବିଶ୍ୱାସର ପିତାଂବରୀ ପିଂଧି
ବୁଲିପାରୁଚି ଅନାୟସରେ ।

କିଏ ମୋତେ ବାଂଧିରଖିଛି
ଜରା ?
ନା ଯଂତ୍ରଣା ?
ନା ଦହନ ?
ନା ବଂଧନ ?
ନା ମୃତ୍ୟୁ
ନାଁ ନାଁ ନାଁ ନାଁ ନାଁ

ମୁଁ ତ ଭାବୁଚି : ମୋର ବଂଚିବା ଶୈଳୀରେ
ଲେସ୍ ମାତ୍ର ଅନୁତାପ ନାହିଁ
ମୋର ଆକାଙ୍‌କ୍ଷାରେ
ବିଂଦୁଏ ମାତ୍ର ପ୍ରତାରଣା ନାହିଁ,
ମୋର ସ୍ୱପ୍ନ ଓ ସାଧନାରେ
ମୃତ୍ୟୁର ପରାଭବ ନାହିଁ
କି' ମୋର ପୃଥିବୀରେ
ଅଭାବ ବା ଅଶାଂତି ନାହିଁ ।

ଆସ, ମୋତେ ଛୁଅଁ, ସବୁ ଅବସ୍ଥାରେ
ତରଳିଯିବା ମୋର ତାକତକୁ ପରଖ
ଦେଖ, କେମିତି ସିଂଦୂରା ଫାଟିଯାଉଚି
ମୋର ଅଭୀପ୍‌ସାରେ,
କେମିତି ପଦ୍ମ ଫୁଟିଯାଉଚି ମୋ ଅଭିଳାଷରେ
ମୁଁ କାଳିଦାସ, କେମିତି ବଂଚିରହିଚି
ସାଂସାରିକ ମାୟାର ତୀବ୍ର ଉଲ୍ଲାସରେ !

■

ମାୟାଘେରରେ କାଳିଦାସ : ୧୬

ମାୟାଘେରରେ ବଂଚିରହିଚି ବୋଲି ତ
ଜାଣିପାରୁନି
ପାଦେ ଆଗକୁ ଯିବି ନା ପାଦେ ପଛକୁ ଫେରିବି
ଜାଣିପାରୁନି
ଗୋଡ଼ରେ ମକ୍‌ଚିଦେବି ପୃଥ୍ୱୀ ନା ଆଲିଂଗନରେ
ଆତୁର କରିଦେବି ଅଭୀପ୍‌ସାର ରାତି !

ଅନେକ ବେଳେ କାହାକୁ ନିଜର କରିବି
ଭାବିପାରୁନି
ବର୍ଷାରେ ବୁଡ଼ି ମାଡ଼ି ଚାଲିଥିବା ଉତ୍ତାଳ ନଦୀକୁ
ନା ଇଂଦ୍ରଧନୁର ମାୟାରେ ମଗ୍ନ ଉଲଗ୍ନ ପାହାଡ଼କୁ
ଭାବିପାରୁନି
କେଉଁ ଲଳନାର ଲାଳିତ୍ୟରେ ଶିହିରିଉଠି
ସମର୍ପିଦେବି ନିଜ ବିବେକକୁ ।

ଅନେକ ବେଳେ ବୁଝି ହେଉନି
ସମୟ ଦୌଡୁଚି ନା ମୁଁ ଦୌଡୁଚି
ନା ଆମେ ଉଭୟେ ସ୍ଥିର ଅଛୁ
କେବଳ ଅସମୟ ବୁଲୁଚି ରକ୍ତରେ
ଅସମୟର ଅସ୍ଥିରତାରେ
ଦୁଲୁକି ଉଠୁଚି ଛାତି ।

ବୁଝିହେଉନି କେଉଁ ଦିଗକୁ ମୁହଁ କରି
ବଂଇଶୀଆଳ ଗୀତ ଗାଉଚି
ନଦୀର ଉଭୟ ପାର୍ଶ୍ୱରୁ ଭାସିଆସୁଚି
ତା'ର ବେହାଗ
ଅଦୃଶ୍ୟ ରୋମାଂଚରେ
ବିଭୋର ହୋଇପଡୁଚି
ଡାଳ ଉପରେ ପକ୍ଷୀ ।

ମାୟାଘେରରେ ଲହୁଲୁହାଣ
ମୁଁ କାଳିଦାସ
ଜାଣିପାରୁନି ଆଗକୁ ବଢ଼େଇଦେବି ପାଦ
ନା ଫେରି ଆସିବି ଚିରଦିନ ।

■

ମାୟାଘେରରେ କାଳିଦାସ : ୧୭

ପ୍ରତିଦିନ ମୁଁ ନଦୀ ଭିତରେ ଖେଳୁଥିବା ମାଛଂକୁ
ଦେଖେ : ଏଇ ଇଷତ୍ ଲାଲ୍ ରଂଗର ମାଆ-ମାଛ
ପଛରେ ପଝାଂଏ ଶାବକ । ସେମାନଂକ
ଆଖି ଯେମିତି ଶୀତଳ ଆଶାର ଶାଳପତ୍ର
ମୁହଁ ମହାପ୍ରଳୟ, ଶାଂତିର ।

ପ୍ରତିଦିନ ନଦୀରେ ନିବିଡ଼ରୁ ନିବିଡ଼ତର ହୁଏ
ମାଛଂକ ଦୃଶ୍ୟ । ଧୀରେ ଧୀରେ ଫିଟିପଡ଼େ ମାୟାଜାଲ
ଆତ୍ମହତ୍ୟାର ଗୋଲାର୍ଦ୍ଧ । ଦଶଦିଗରୁ
ମାଡ଼ିଆସେ ପ୍ରଳୟ, ମୋହର ।

ପ୍ରତିଦିନ ମୁଁ ମୋହାବେଶରେ ମାଛଂକୁ ଦେଖେ ।
ଦେଖୁଦେଖୁ ଫିଂଗିଦିଏ ଗୈରିକ ବସ୍ତ୍ର ।
ଜଟା । କମଂଡଳୁ । ମୃଗଛାଲ ।
ନଦୀସ୍ରୋତରେ ଭସେଇଦିଏ ମୋ ଅର୍ଜିତ ପୁଣ୍ୟ ।
ମୋ ସାଧନା । ମୋ ତପସ୍ୟା । ମୋର ଶାସ୍ତ୍ର ।

ପ୍ରତିଦିନ ସୁଖକର ପ୍ରତେହୁଏ ସୁଖ
ମାୟାର ମହିମ ଦୁର୍ଗ । ଆକାଶର କଇଁଆ ।
ଚିଲିକାର ମାଛ । ଯେମିତି ଲାଗେ ପାଦ
ଖସି ଖସି ଯାଉଚି ମାଟିର ଗର୍ଭକୁ ।

ତଳକୁ ତଳ ଲଟେଇ ଯାଉଚି ଚେର ।
ମୁଁ କିଛି ବୁଝିପାରୁନି ଅଥଚ ମୋ ଭିତରେ
ବଢ଼ିଯାଉଚି ସବୁ ବୁଝିପାରିବାର ଭ୍ରମ ।
କେଉଁଠିକୁ ଗୋଡ଼ କାଢ଼େନି ଅର୍ଥାତ୍
ପହଂଚିଗଲା ଭଳି ଲାଗେ ଶୀର୍ଷସ୍ଥଳ ।
କୌଣସି ପ୍ରାପ୍ତି ନାହିଁ ଅଥଚ ପ୍ରାପ୍ତିର
ଆନଂଦରେ ବଂଚିରହେ ମୁଁ ପ୍ରତିଦିନ ।

ପ୍ରତିଦିନ ମୁଁ ନଦୀକୂଳକୁ ଯାଏ । ମାଛଂକ ଦୃଶ୍ୟରେ
ମୁଗ୍ଧ ହୁଏ । କେବେ କେବେ ନଦୀପଥରେ
ଈଶ୍ୱରଂକୁ ବି' ଭେଟେ । ଅତୀବ ଉଦାସୀନ ମନେହୁଅଂତି
ମହାମହିମ । ଯେମିତି ତାଂକ ପଲକହୀନ ଆଖିରେ

କହଂତି : ରକ୍ତ ଓ ମାଂସର ଦୁର୍ଗ ଭିତରେ
ତୁ ଚିର ବଂଦୀ, କାଳିଦାସ ! ମୋହ ଓ ଭ୍ରମର
ପୃଥିବୀର ତୁ ଚିର ଅଧିବାସୀ ।

(ନଦୀଗର୍ଭରେ ମାଛଂକର ଏକ ମନୋରମ ପରିବାରକୁ ଦେଖି ଜଣେ ଋଷିଂକର ସଂସାରୀ ହେବାର ଲୋଭ ଉପରେ କବିତାଟି ଆଧାରିତ)

■

ମାୟାଘେରରେ କାଳିଦାସ : ୧୮

କାଳିଦାସ ! ମାୟାଘେରରେ ଜିଇଚ ଅଥଚ
କେବେ ପଚାରିଚ : କାହିଁକି ଏ ମାୟାଘେର
କାହିଁକି ଏତେ କୁହୁଡ଼ି, ମାୟାର !
କାହିଁକି ଏ ଅସ୍ଥି ଏବଂ ମଜ୍ଜାର ବିସ୍ମୟ !

ମାୟାଘେରରେ ଜିଇଁଚି ବୋଲି ତ
ମୁଁ ଜାଣି ନାହିଁ
ମୁଁ କିଏ ? କିଏ ମୋର ? ମୁଁ କାହାର ?
ଜାଣିନାହିଁ କିଏ ମୋର ପିତା ମାତା,
କିଏ ମୋର ପୁତ୍ର କନ୍ୟା, ଭ୍ରାତା ଓ ଦୁହିତା
କିଏ ମୋର ସହୋଦର, ବଂଧୁ ଏବଂ ଭାର୍ଯ୍ୟା
କେଉଁଠି ଆରଂଭ ମୋର,
କେଉଁଠାରେ ଶେଷ ପରିଚର୍ଯ୍ୟା !

ମାୟାଘେରରେ ବଂଚିଚି ଅଥଚ ଜାଣିନି
କାହିଁକି ବଂଚିଚି, କିପରି ବଂଚିଚି
ଦିନର ବିସ୍ମୟ ଠାରୁ ରାତିର ଆକୁଳତା ଯାଏଁ
କିଂବା ରାତିର ବିସ୍ମୟ ଠାରୁ ଦିନର ଆକୁଳତାଯାଏଁ
ମୁଁ କାହିଁକି ପ୍ରତିଦିନ ପଦ୍ମ ଲୋଭରେ
ନଈକୂଳ ଯାଏ, ଯେଉଁଠି ଏକ
ଅଦୃଶ୍ୟ କୁଂଭୀର ମୋତେ ବୋହିନିଏ ତାର

ମୃତ୍ୟୁ ସମ କର୍କଶ ପିଠିରେ ।
ମାୟାଘେରରେ ବଂଚିଚି ବୋଲି ତ
ମୁଁ ଜାଣିପାରୁନି :
କାହିଁକି ମଧୁଶଯ୍ୟାରେ ବାଘ
ଡେଇଁପଡ଼େ ରାଜପୁତ୍ର କପାଳରେ
କାହିଁପାଇଁ ପିତାଟିଏ ପୁତ୍ରର ଶବକୁ
ଆଶ୍ରାକରି ନଦୀ ପାରହୁଏ
କାହିଁପାଇଁ ଗୈରିକ ବସ୍ତ୍ର ପରିହିତ ସନ୍ନ୍ୟାସୀର
ନଶ୍ୱର ଶରୀର ଟଳିପଡ଼େ ସମୁଦ୍ରକୂଳରେ !

ତମେ କହିପାରିବ, ଏସବୁ କାହିଁକି ଘଟେ ?
ମୁଁ କିନ୍ତୁ ନାଚାର କାଳିଦାସ !
ମାୟା କୋଠରିରେ ବଂଦୀ ମୋର
ଅବୟବ କେମିତି କେଜାଣି
କୋଠରି ସିଡ଼ିରେ ଖସିଖସି ଯାଏ !

■

ମାୟାଘେରରେ କାଳିଦାସ : ୧୯

ପରିଣତ ବୟସରେ ଧୁଡୁଧୁଡୁ ଚମ
କୋରଡ଼ଗତ ଆଖି, ଗଳିତ ଅଂଗ,
ପଳିତ ମୁଂଡ଼, ଦାଂତଶୂନ୍ୟ ପାଟିରେ
ବ୍ୟାକରଣ ସୂତ୍ର ଘୋଷିବାରେ
କି' ଲାଭ କାଳିଦାସ ?
କି' ଲାଭ ନୃତ୍ୟ, ସଂଗୀତ ଓ ସାହିତ୍ୟ
ନେଇ ବାହାସ୍‌ପୋଟ ମାରିବାରେ ?

ଗୋଟିଏ ମୁହୂର୍ତ୍ତରେ,
ଗୋଟିଏ ସଂକେତରେ ତ
ଖସିପଡ଼ିବ ହାଡ଼ରୁ ମାଂସ,
ହାଡ଼ର ଆର୍ତନାଦରେ ବିବଶ
ହୋଇଯିବ ଶରୀର,
ଆଖିପତା ବୁଜି ହେଉହେଉ ଦିଶିବନି
ଆକାଶ କି ପାହାଡ଼ ।

କାଳିଦାସ !
ମୁହୂର୍ତ୍ତକରେ ଲିଭିଯିବ
ନିଆଁ ସମ୍ମୁଖରୁ ।
ଗୋଟିଏ ସଂକେତରେ ଖସିଯିବ
ମାଟି ପାଦରୁ ।

ରତି କାମନାରୁ ।
ଶୀତ ରାତିର ଉଷ୍ଣତା
 ସଂଭାବନାରୁ ।
କେଉଁ ଉପଚାରରେ ଏଥର ତମେ
ଅନନ୍ୟ ଦିଶିବ କାଳିଦାସ ?
ରାସ୍ତାମୋଡ଼ ଡେଇଁଗଲେ ତ ସବୁ ଶେଷ ।

ପବନ ବା କ'ଣ ଜାଣିବ
'ଅନୁମାନ' କ'ଣ ?
'ପ୍ରତିଜ୍ଞା' କ'ଣ ?
'ହେତୁ' କ'ଣ ?
'ଦୃଷ୍ଟାଂତ' କ'ଣ ?
'ଉପନୟନ' କ'ଣ ?
'ନିଗମନ' କ'ଣ ?

∎

ମାୟାଘେରରେ କାଳିଦାସ : ୨୦

କାଲି ରାତି ପାହାଂତାରେ
କିଏ ଜଣେ କବାଟ ପିଟିଲା,
ଏକ କର୍କଶ ଅଥଚ ସଂଗୀତମୟ ସ୍ୱରରେ
ଡାକିଲ : କାଳିଦାସ, ଉଠ ।
ଏକ ନିରୀହ ଆତଂକରେ ମୋ ଝିଅ
ଜାବୁଡ଼ି ଧରିଲା ମୋ ହାତ ।

ଅନେକ ଥର ଅନେକ ନାଆଁରେ
ସେ ଗୁମୁରିଲା ।
ତାନ୍‌ପୁରାର ତାର ପରେ ଏକ ଝିଟିପିଟି
ପଡ଼ିଗଲା ପରି ଶୁଭିଲା ତା’ ଡାକ ।
ତା’ର ଖର ଶ୍ୱାସର କ୍ରୂରତାରେ
ପକ୍ଷୀମାନେ ଚଂଚୁରେ ଭିଡ଼ିଧରିଲେ ନୀଡ଼ ।

ଇଚ୍ଛା ହେଉଥିଲା :
ଖୋଲିଦେବାକୁ କବାଟ ।
ମହମବତୀ ଆଲୁଅରେ ନିରେଖିବାକୁ
ତା’ ମୁହଁ, ଆତଂକହୀନ ପବନରେ ଛୁଇଁବାକୁ
ତା’ର ମାଂସମୁକ୍ତ ଶୂନ୍ୟତାକୁ
ତା’ର କାମନାଶୂନ୍ୟ ନିର୍ଜୀବ ପ୍ରାଣକୁ ।
ସେ କ’ଣ ବୁଝିବ

ମାୟାଗ୍ରସ୍ତ ଲୋକର ଜଂଜାଳ
କିପରି ଖାଦପୂର୍ଣ୍ଣ ତା' ମଥାର ମୁକୁଟ
ହର୍ଷ ଏବଂ ହତାଶାରେ ପରିପୂର୍ଣ୍ଣ
ତା' ଜୀବନ ଅଂକୁର ।

କ'ଣ ବା ମୁଁ ଋହିଁଚି
କେଉଁ ପ୍ରତ୍ୟାଶାରେ ରଂଗଣୀ ଫୁଲରେ
ଖୋଜିଚି କେଉଁ ସୁଖର ମଣିମାଣିକ୍ୟ,
ସାରା ପୃଥିବୀର କେତେ କ'ଣ
ଐଶ୍ୱର୍ଯ୍ୟରୁ ମୁଁ କେବେ ଋହିଁଛି
କାଣିଚାଏ ସୁଖ ?

ମୁଁ ଜାଣିଛି : ଏ ଦେହ ଦେହ ନୁହେଁ
ଏ ମନ ମନ ନୁହେଁ
ଏ ନିଃଶ୍ୱାସ ନିଃଶ୍ୱାସ ନୁହେଁ
ମୋ ଶିରା ପ୍ରଶିରାରୁ ହୃତ୍‌ପିଂଡ଼ ଯାଏଁ
ଆତଯାତ ରକ୍ତ ମୋର ନୁହେଁ ।

ହେ ଆଗଂତୁକ !
ବଂଦକର କରାଘାତ
ବଂଦକର ପ୍ରହସନ
ତମେ କ'ଣ ଜାଣିନ : ମୁଁ କାଳିଦାସ,
ମାୟାରୁ ମୁକୁଳିବା ଲାଗି
ମୁଁ ଏଯାବତ୍ ହୋଇନି ପ୍ରସ୍ତୁତ !

■

ମାୟାଘେରରେ କାଳିଦାସ : ୨୧

ମୋର କ'ଣ ଆବଶ୍ୟକ
　　　　ବୁଝିବାରେ ବ୍ରହ୍ମ କ'ଣ ?
　　　　ସୋଽହମ୍ କ'ଣ ?
ମୋର କ'ଣ ଲୋଡ଼ା ଅଛି
　　　　ଆତ୍ମଜ୍ଞାନ, ଆତ୍ମ-ନିରୀକ୍ଷଣ
　　　　ନିତ୍ୟ ଅନିତ୍ୟ ବିବେକ ବିଚାର ।
ମୁଁ ଜାଣେ ନାହିଁ
　　　　ସ୍ୱର୍ଗ ଏବଂ ନର୍କର ପ୍ରଭେଦ
　　　　ତାରତମ୍ୟ ହସ ଓ ହିଂସାର
ମୁଁ ଜାଣେ ନାହିଁ
　　　　ଅର୍ଥ ଏବଂ ଅନର୍ଥ
　　　　ଭାବ ଏବଂ ଭୟର ପାର୍ଥକ୍ୟ ।

ତମେ କହୁଚ : ରେ କାଳିଦାସ !
ଏ ସଂସାରରେ ସବୁକିଛି
ଅଳୀକ ଓ ଅସଂଗତ,
ତମେ କହୁଚ : ରେ କାଳିଦାସ !
ନିଜ ଭିତରେ ପଶୁକୁ ହତ୍ୟାକର,
ଭାବମୁକ୍ତ ହୁଅ ।
ତମେ କହୁଚ : ରେ କାଳିଦାସ !
ଆତ୍ମାର ଶକ୍ତିକୁ ଚିହ୍ନ,

ଈଶ୍ୱରଙ୍କ ଗୁଣରେ ଗରୀୟାନ ହୁଅ ।
ତୁମେ କ'ଣ ଜାଣିନ
ମୁଁ ରକ୍ତ ଓ ମାଂସର ମଣିଷ
ମାଟିରେ ଲୟ ମୋର
ମାଟିରେ ବିଲୟ
ମାଂସଖୋର,
ଲୋଭସିକ୍ତ ମଣିଷ ମୁଁ
ମୁଁ କାଳିଦାସ
ମାୟାରେ ମୁଁ ଆତଯାତ
ଈଶ୍ୱର ହେବାରେ
ମୋର କିବା ପ୍ରୟୋଜନ ?

■

ମାୟାଘେରରେ କାଳିଦାସ : ୨୨

କାଲି ରାତିରେ ସେ କେତେ ଡାକିଲା
ତାର କାକୁତିମିନତିର ନୀଳ ଜଳରେ
କମଳ ଝୁଂକିଗଲା,
ଚୂତ ଡାଳରେ ଚକୋର ଚମକିଗଲା ।
ତୁମେ କିଂତୁ ଶୁଣିଲନି, କାଳିଦାସ !
ତମ ବିବଶ ବାସନାର ବିହ୍ବରେ ବୁଡ଼ିରହିଲ
ଯେମିତି ରକ୍ତର ଆକୁଳତାରେ ବ୍ୟାକୁଳ ସମୟ ।

ଆଜି ଦେଖ : ତମ ସାମ୍ନାରେ ବୋଦ୍ଧିଦ୍ରୁମ
ତଳେ ଜଳୁଚି ଆଶ୍ଚର୍ଯ୍ୟ ଦୀପ-
ତୁହା ତୁହା ତୋଫାନର ନିଆଁରେ
ତରଳିଯାଉଚି ତା ଡାଳ
ଅଥଚ ଲିଭୁନାହିଁ ଶିଖା, ଦୀପର ।

ପାରୁଚ ତ ଲିଭେଇ ଦିଅ ଦୀପ, କାଳିଦାସ !
ମୋହ ଓ ମାୟାର ମାୟୁସିରୁ
ମୁକୁଳି ଆସ, ସବୁଦିନ ।
ନହେଲେ ତ ଏଇମିତି ଆସୁଥିବ ବାରଂବାର,
ଏଇମିତି ଯାଉଥିବ ବାରଂବାର
ଜନନୀ ଜଠର ଜଟିଳ କୋଠରିରେ
ଜଳୁଥିବ ସବୁଦିନ ।

ଭ୍ରମର ଭସ୍ମ ଭିତରେ ଭ୍ରମୁଥିବ ସବୁଦିନ ।
କ'ଣ ବା ଲାଭ ଏଇମିତି ଖସିବାରେ
ପାଚିଲା ତରଭୁଜ ପରି, ବୃଂତରୁ ଲଟାର ?
କ'ଣ ବା ଲାଭ ଗୋବର ପୋକ ପରି
ଖୋଜିବାରେ ବିଷ୍ଠାର ସୁଡ଼ଂଗ ?
କ'ଣ ଲାଭ ଗୋଟିଏ କାମନାରୁ
ଆଉ ଏକ କାମନା ଯାଏଁ ଲଂବିବାରେ ?
ଯେମିତି ଆକସ୍ମିକ ବର୍ଷାର ଆକ୍ରୋଶରେ
ଲଂବିଥାଏ ନଈଂକର ଚେର ।

ଏବେ ଓଦା ଚେରରେ ନିଜକୁ
ପରଖି ନିଅ କାଳିଦାସ !
ଛିଂଡେଇ ଦିଅ ଊର୍ଣ୍ଣନାଭର ଡୋର
ମୁକୁଳି ଆସ ପ୍ରବଳରୁ ପ୍ରବଳତର
କ୍ରାଂତିରୁ, କାଳର ।

ଭାବାର୍ଣ୍ଣବ କୂଳେ ଦେଖ, ଆଶ୍ଚର୍ଯ୍ୟ ନଉକା
ସେଇ ତ ଏକ ମାତ୍ର ରାସ୍ତା, କାଳିଦାସ !
ଆଉ ଡେରିନାହିଁ, ଏବେ ଲିଭେଇଦିଅ ଦୀପ !

■

ମାୟାଘେରରେ କାଳିଦାସ : ୨୩

ବୋଧିଦ୍ରୁମ ତଳେ ଜଳୁଚି ଆଶ୍ଚର୍ଯ୍ୟ ଦୀପ ତ
ଜଳିବାକୁ ଦିଅ । ଲିଭାଇ ଦିଅ ନାହିଁ ତା ଶିଖା ।
ଜଳାଇ ରଖ କାଳ କାଳ ।
ମୋର ଦରକାର ନାହିଁ ମୁକ୍ତି, ନିର୍ବାଣ
ଭାବାର୍ଣ୍ଣବକୁ ପାରହେବାର ଆଶ୍ଚର୍ଯ୍ୟ ତରଣୀ !

ମୁଁ ଯେଉଁଠି ଅଛି, ଠିକ୍ ଅଛି ।
ଯେମିତି କାଟୁଚି ଜୀବନ, ଭଲ ଅଛି ।
ରାଜା ବିରୋଚନ ପରି
ଦେହକୁ ପୂଜା କରୁଚି ତ କରୁଚି ।
ଦେହକୁ ଈଶ୍ୱର ମଣିଚି ତ ଆତ୍ମାକୁ
ଠେଲିଦେଇଚି ଦୂରକୁ ।
ଆତ୍ମାର ବା କି ପ୍ରୟୋଜନ ?
ଦେହକୁ ମଣିଚି ଗୁରୁ ।

ଅନେକ ରୂପରେ,
ଅନେକ ଭଂଗୀରେ
ସଜେଇଚି ନିଜକୁ ।
କର୍ପୂର ଓ ଅତରରେ ବୁଡ଼େଇଚି କାମନାକୁ
ତରୁଣୀଂକ ଅଧରରେ ଅଧୀର କରିନେଇଚି
ଜୀବନରେ ଗତିଶୀଳତାକୁ ।

ତମେ କହୁଚ :
ଶରୀର ମିଶିଯିବ ମାଟିରେ । ମିଶୁ ।
ତମେ କହୁଚ :
ଶୂନ୍ୟରେ ତରଳିଯିବ ପ୍ରାଣ । ତରଳି ଯାଉ ।
ତମେ କହୁଚ :
ତମ ମୃତ ଦେହକୁ ଡରିବ ସ୍ତ୍ରୀ । ଡରୁ ।

ମୁଁ କାଳିଦାସ ।
ଜୀବନ ଓ ମରଣର ସେତୁ ଉପରେ ବଂଚିଚି ।
ଏକ ହାତରେ ଧରିଚି ଜୀବନର ମଶାଲ ତ
ଅନ୍ୟ ହାତରେ ମୃତ୍ୟୁର କୃପାଣ
ଆଜି ମଶାଲ ଲିଭିଯାଉ
କୃପାଣ ହଜିଯାଉ
ମୋର ବା' ଶୋଚନା କ'ଣ ?

■

ମାୟାଘେରରେ କାଳିଦାସ : ୨୪

ମଂଦିରରେ ଈଶ୍ୱରଙ୍କୁ ଭେଟିବା ବାଟରେ
ମୁଁ ଅଟକିଯାଏ ବେଢ଼ାରେ ।
ଅନୁପମ ବେଢ଼ାର ସୌଂଦର୍ଯ୍ୟରେ ମତ ହୋଇ
ମୁଁ ଭୁଲିଯାଏ : ମୁଁ କିଏ ?
ମୋର ଲକ୍ଷ୍ୟପଥ ଲଂବିଚି କୁଆଡ଼େ ?

ମତେ ଲାଗେ, ମଂଦିର ଶିଳାରୁ କିଏ
ରମଣୀଟିଏ ଡାକେ । ମୋତେ ଭିଡ଼ିଧରେ
ତାର ଚିହ୍ନା ଚିହ୍ନା ଆଲିଂଗନରେ ।
ତାର ଉଦ୍ଧତ ଜଙ୍ଘର ଜାହ୍ନବୀରେ
ଅଟକିଯାଏ ମୋ ଡଂଗା ଅତ୍ୟଧିକ ବର୍ଷାମାଡ଼ରେ ।

ରମଣୀ ପ୍ରେମରେ ପ୍ରଗଲ୍ଭ
ସନ୍ନ୍ୟାସୀଟିଏ ହସ୍ତୁଥାଂତି ଶିଳାର ଗର୍ଭରୁ
କିଛି ଅନୁକଂପା, କିଛି ଅନୁନୟ
କିଛି ଅଂତର୍ଦ୍ୱଂଦ୍ୱ, କିଛି ଅଟଂଦାହରେ
ଜଳୁଥାଏ ତାଂକର ମୋହମୁକ୍ତ ପ୍ରାଣ ।

ମଂଦିର ଶିଳାରେ, ମଂଦ ମଂଦ ପବନରେ
ବୋହି ଆସୁଥାଏ ଝାଳ ଏବଂ ରକ୍ତ
ରମଣୀର । ତା'ର ନାଭିଚକ୍ର ଉଭାପରେ

ଘୂରୁଥାଏ ନଭ । ମୁହୂର୍ତ୍ତରୁ ମୁହୂର୍ତ୍ତ
ପାଗଳ ହେଉଥାଏ ମୁଁ କାଳିଦାସ ।
ଈଶ୍ୱର ଡାକଂତି : କାଳିଦାସ ହୁସିୟାର ।
ବିଷଧର ସର୍ପ ।
ରମଣୀ କହେ : କାଳିଦାସ ! ଲୋଭନୀୟ
ଦେହର ଆଶ୍ଳେଷ ।
ଈଶ୍ୱର କହଂତି : ଫେରିଆସ କାଳିଦାସ,
ଚାରିଆଡ଼େ କୁହୁଡ଼ି, ମାୟାର ।
ରମଣୀ କହେ : ଏଇ ନିଅ କାଳିଦାସ ! ଏଇ ନିଅ
ଉପଭୋଗର ଥାଳ ।

ରାତି ସାରା ଝଡ଼ । ବତାସ । ବୟାର ।
ରାତି ସାରା ଉତ୍‌କଂଠା । ଉଦ୍‌ବେଗ ।
ଯା'ର ପ୍ରକୋପରେ ଟଳିପଡ଼େ ମଂଦିର ।
ମଂଦିର ଚୂଡ଼ାରୁ ନେତ ।
ଭୁଶୁଡ଼ିପଡ଼େ ମଂଚ । ହାଡ଼ରୁ ମାଂସ ।
ରାତି ପାହିବାରୁ ଲାଗେ :
ମୋ କପାଳରେ ଲାଲ ଓଠର ଦାଗ,
ସତେଜ ମୃତ୍ୟୁର ।

■

ମାୟାଘେରରେ କାଳିଦାସ : ୨୫

ଏ ସଂସାର ଏକ ସଂକୀର୍ଣ୍ଣ ପୋଲ
ନୁହେଁ ତ ଆଉ କ'ଣ ?
ପୋଲ ଉପରେ ଧୀରେ ଧୀରେ ପାଦ ଚାଳ,
କାଳିଦାସ ! ତୋଳ ନାହିଁ ଘର ।

ନହେଲେ ତ କେବେନା କେବେ
ଭାଂଗିଯିବ ପୋଲ
ନଦୀ ଗର୍ଭକୁ ଧସିଯିବ ଘର
କାଳ ଭସେଇନେବ
ମାଂସ ଏବଂ ସ୍ୱପ୍ନ
ନିମିଷକେ ନିଶ୍ଚିହ୍ନ ହୋଇଯିବ ପରିଚୟ ।

ଭରା ନଦୀରେ ଧୀରେ ଧୀରେ ବାହିନିଅ
ଡଂଗା, କାଳିଦାସ ! ଜଳଭର୍ତ୍ତି ନଦୀରେ
ଖୋଜନାହିଁ କିଏ ପଂକ କିଏ ପଦ୍ମ
ଘାଟମୁଂଡ଼ରେ ତ ସବୁ ଏକାକାର
ଯେମିତି ବାଘ ପେଟରେ
ମୃଗ କିଂବା ଛାଗର ଆତଂକ ।

ତାପରେ ଆଉ କ'ଣ ?
କେଉଁ ଅମାର ?

କେଉଁ ଅମାରତ୍ ?
କେଉଁ ସମୟ ?
କେଉଁ ଦୁଃସମୟ ?
ପରିଚୟପୂର୍ଣ୍ଣ ପ୍ରେମ ?

ନା ପରିଶେଷହୀନ ପ୍ରତିଦାନ ?
ରକ୍ତରଂଜିତ ସିଂହାସନ ?
ନା ରତିମୁକ୍ତ ସଂକୋଚର ଦାଗ ?
ସଂସାର ଏକ ସଂକୀର୍ଣ୍ଣ ପୋଲ
ନୁହେଁ ତ ଆଉ କ'ଣ ?
କିଏ ଜାଣେ, କେବେ ପୁଣି
କାଳର ଡାଇନାମାଇଟ୍‌ରେ
ଛିନ୍‌ଭିନ୍ ଦିଶିବ ଲୋକ
ଛାରଖାର ଦିଶିବ ତା ଦେହ ।

ମନେରଖ କାଳିଦାସ,
ସଂସାର ଏକ ପୋଲ,
ଧୀରେ ଧୀରେ ପାଦ ଚାଳ,
ତୋଳନାହିଁ ଘର ।

■

ମାୟାଘେରରେ କାଳିଦାସ : ୨୬

କେତେ ଅଚାନକ ଝଡ଼
କେତେ ଦୁର୍ଗମ ପିଚ୍ଛିଳ ପଥ,
ଅବିଶ୍ରାଂତ ବରଫମାଡ଼
କେବେ ଖସିପଡ଼ିବାର କ୍ଷୋଭ
କେବେ ଝୁଂଟିପଡ଼ିବାର ଅପମାନ ସତ୍ତ୍ୱେ
ପାହାଡ଼ ଶୀର୍ଷରେ ମୁଁ ଆଜି ପୋତି ଦେଇଚି
ମୋ ଜୈତ୍ର : ସଫଳତାର ।

ସକାଳର ପ୍ରଥମ ସୂର୍ଯ୍ୟ କିରଣରେ
ଦୂରସ୍ଥ ହିମବାହର ହେମାଳ ସ୍ପର୍ଶରେ
ଉଡୁଚି ମୋ ସାଧନାର ଜୈତ୍ର
ଆରୋହଣର ସମାପ୍ତି ଘୋଷଣା କରୁଚି
ପାହାଡ଼ ଶୀର୍ଷସ୍ଥ ବିମୁକ୍ତ ଆକାଶ
ଚେନାଏ ଚଂଚଳ ପବନରେ ଲାଗୁଚି
ଯେମିତି ଅଂତ ହୋଇଯାଇଛି
ମୋର କୃଚ୍ଛ୍ର ସାଧନାର ମାର୍ଗ ।

ମୋ ସାଧନା ପଥରେ ମୁଁ
କେବେହେଲେ ଫେରିଆସିନି ପଛକୁ
ଶ୍ୱାପଦସଂକୁଳ ବନାନୀରେ କେବେହେଲେ
ଲୁଟିଦେଇନି ନିଜ ସାମର୍ଥ୍ୟକୁ

ଅଗ୍ନାଗ୍ନି ବନସ୍ତରେ ରାଜପୁତ୍ର ପରି
ମୃଗ ପଛରେ ଦୌଡ଼ୁ ଦୌଡ଼ୁ ହଜିଯାଇନି
ଋଷିକନ୍ୟାଂକ ଆଲିଂଗନରେ ।

ଆଜି ସଫଳତାର ଶୀର୍ଷରେ
ମୋତେ ନିରୀକ୍ଷଣ କର ।
ଅନନ୍ୟ ଆଶ୍ଚର୍ଯ୍ୟ ବୋଲି ଘୋଷଣା କର ।
ସର୍ବଶ୍ରେଷ୍ଠ ସାଫଲ୍ୟର ମକର କୁଂଡଳରେ
ମୋତେ ବିଭୂଷିତ କର ।
ମୋର କୁଶଳୀ ତୀରରେ ସକଳ ବିଶ୍ୱକୁ
ଜିଣିଯିବାର ଉଦାହରଣ ଖୋଜ ।

ଆଜି ଆରୋହଣର ଶେଷ ପର୍ବ ।
ଜୀବନର ସବୁ ଛକରେ ଶଂଖନାଦ ।
ମୁଁ ଜୀବନବାଦୀ ମଣିଷ କାଳିଦାସ
ମୋ ପାଇଁ ମୃତ୍ୟୁ ଅବାଂତର, ଅନାବଶ୍ୟକ,
ମୋ ଚେତନାରେ ସବୁବେଳେ ନବପର୍ବ,
ମୁଁ ଅମୃତ, ମୁଁ ଅମର ।

■

ମାୟାଘେରରେ କାଳିଦାସ : ୨୭

ରାଜ୍ୟଂ ସୁତାଃ କଳତ୍ରାଣି ଶରୀରାଣି ସୁଖାନି ଚ
ସଂସକ୍ତସ୍ୟାପି ନଷ୍ଟାନି ତବ ଜନ୍ମନି ଜନ୍ମନି ।

– ଅଷ୍ଟାବକ୍ର ସଂହିତା

ଗୋଟିଏ ଜନ୍ମରୁ ଆଉ ଏକ ଜନ୍ମ ଭିତରେ
କେତେ କ'ଣ ନ ହଜେଇଚି ମୁଁ ।
ରାଜ୍ୟ । ପୁତ୍ର । କନ୍ୟା ଓ ଶରୀର ।
ପ୍ରତି ଜନ୍ମରେ ମାୟାର ବୋଇତରେ
ଆସକ୍ତିର ଫୁଲଗଛ ପରି ଭସେଇଦେଇଚି
ସୁଖ । ସ୍ୱପ୍ନ । ଶାଂତି ଓ ସଂଭୋଗ ।

ଜନ୍ମରୁ ଜନ୍ମ ଯାଏଁ ହୃଦୟର
ବହୁ ବିଫଳ ମନୋରଥକୁ ପୁଂଜି କରି
ଲୁହଭର୍ତି ପଦ୍ମପତ୍ରରେ ତୋଳିଧରିଚି
ଅପାର ବ୍ୟଥାକୁ ।
ଜନ୍ମରୁ ଜନ୍ମ ଯାଏ ସୁଖ ଓ ସ୍ୱାଚ୍ଛଂଦ୍ୟକୁ
ମୋଡ଼ି ମକ୍‌ଚି ଫିଂଗିଦେଇଚି ସମୁଦ୍ରକୁ ।

ପ୍ରତ୍ୟେକ ଜନ୍ମର ଆରଂଭରେ ମୁଠାଏ
ବାଲି ଧରି ମୁଁ ବସିଚି ସମୁଦ୍ର କୂଳରେ
ସମୁଦ୍ରରେ ସୂର୍ଯ୍ୟଂକ ପ୍ରତିବିଂବକୁ

ପ୍ରଲଂବିତ କରିଚି ରକ୍ତରେ,
ଯଦିଓ ପ୍ରତି ଜନ୍ମର ସମାପ୍ତିରେ
ଖସିଯାଇଚି ବାଲିର କୁଶବଟ ହାତରୁ
ହାତ ଟେକି ସମର୍ପଣ କରିଦେଇଚି ନିଜକୁ
ହାତରେ କିଛି ନାହିଁ ବୋଲି
ଘୋଷଣା କରିଚି, ପ୍ରକାଶ୍ୟରେ ।

ଆଜି ହାତରେ କିଛି ନାହିଁ ।
କେବେ ବି ନ ଥିଲା, ଅତୀତରେ ।
ତଥାପି କାହିଁକି ହାତରେ ସବୁ ଅଛି
ବୋଲି ବାହାସ୍‌ପୋଟ ମାରୁଚି, ମୁଁ କାଳିଦାସ
ରାଜରାସ୍ତାରେ ଡିଂଡିଂମ ପିଟୁଚି
ମୋ ସଫଳତାର ।

କାହିଁକି କହୁଚି :
ଏ ରାଜ୍ୟ ମୋର, ଏ ରାଜପଦ ମୋର
ଏ ଅମାର ମୋର, ଏ ଅମାରତ୍ ମୋର
ଏ ମନନ ମୋର, ଏ ମୁକୁଟ ମୋର
ଶତ ଶତ ରାଜ୍ୟ ଜୟ କରି
ଶତ ଶତ ଶତ୍ରୁଂକୁ ଧ୍ୱଂସ କରି
ମୋ ବିଜୟର ସ୍ମୃତିସ୍ତଂଭରେ
ଉଡ଼େଇଥିବା ଏ ଜୈତ୍ର ମୋର !

■

ମାୟାଘେରରେ କାଳିଦାସ : ୨୮

ତମ ଲୀଳାର ଲଳିତ ସୁଡ଼ଂଗ ଭିତରକୁ
ମତେ ଠେଲିଦେଲ । ସୁଡ଼ଂଗର ସଂକୀର୍ଣ୍ଣ
ଗଳିସାରା କୁହୁଡ଼ିର ଜାଲ ବିଛେଇଦେଲ ।
ଅନବର୍ତ ବଂଶୀ ଫୁଂକିଲ, ସୁଡ଼ଂଗ ବାହାରୁ ।
କହିଲ କାଳିଦାସ, ଖସିଆ, ଜାଲରୁ ।
ବିଷାଦରୁ । ବିପର୍ଯ୍ୟୟରୁ । ମୃତ୍ୟୁରୁ ।

ବୁଝିଲନି, ଏ ଭିତରେ କାଳିଦାସ
ତୋଳି ନେଲାଣି କୁହୁଡ଼ିରେ ଘର ।
କୁହୁଡ଼ିମୟ ହୋଇଗଲାଣି ରକ୍ତ ।
କୁହୁଡ଼ିର କଂକାଳରେ ଦେହର ଉର୍ଣ୍ଣନାଭ
ବୁଣି ନେଲାଣି ନୀଡ଼ ।

ଦେଖ, ସୁଡ଼ଂଗ ସାରା ଛାୟାଚିତ୍ର, କ୍ଷତର ।
କ୍ଷତର ଖାତିରରେ ଜୀବନକୁ
ଅଂଗୀକାର କରିନେଲିଣି ମୁଁ ।

ଦେଖ, ସୁଡ଼ଂଗ ସାରା ମହୋତ୍ସବ, ମୃତ୍ୟୁର ।
ମୃତ୍ୟୁର ଆକର୍ଷଣରେ କୋଇଲି ପରି
ଗାଇ ଶିଖିଲିଣି ମୁଁ ।

ଦେଖ, ମଣିଷ ମୁଁ । ନିଛକ ମଣିଷପଣକୁ
ଆପଣାର ଭାଗ୍ୟ ମଣି ସାରିଲିଣି ମୁଁ ।

ତମେ କହୁଚ :
କୁହୁଡ଼ିର କୁହୁକକୁ ଭେଦକରି ବାହାରକୁ ଚାହଁ
ସୂର୍ଯ୍ୟୋଦୟ ।
ତମେ କହୁଚ :
ମୃତ୍ୟୁର ମାୟୂସିକୁ ବିଲୋପ କରି ଅ-ମୃତ
ହୋଇ ଦେଖ, ମୋକ୍ଷ ।
ତମେ କହୁଚ :
ଇହକାଳର ଐଶ୍ୱର୍ଯ୍ୟକୁ ନଦୀସ୍ରୋତରେ
ଭସେଇ ଦେଖ ଦେଖ: ବ୍ରହ୍ମ ।

ମୁଁ କାଳିଦାସ, କ'ଣ ବୁଝେ ରହସ୍ୟ
ଇହକାଳର । ପରକାଳର ।
ନିର୍ଗୁଣର । ସୁଗୁଣର ।
ସୁଢ଼ଂଗର ଅହଂକାର ତ ମୋ ଜୀବନ ।
ମୋ ଜୀବନ ଏକ ଅଭିଷେକ, ସୁଢ଼ଂଗର ।

ହେ ଈଶ୍ୱର !
ମୋତେ ମଣିଷ କରି ଗଢ଼ିଚ,
ଅଥଚ ପ୍ରଲୋଭନ ଦେଖଉଚ, ଦେବତ୍ୱର ।
ମୋର ଦର୍କାର ନାହିଁ ନିର୍ବାଣ ।

■

ମାୟାଘେରରେ କାଳିଦାସ : ୨୯

ଗହଳ ଗଛମାନଂକର ପ୍ରଲଂବିତ ଛାଇମାନେ ସେମାନଙ୍କର ସୂର୍ଯ୍ୟ-ପ୍ରଣାମ ଜଣାଇବାର ବେଳ । ଗଛମାନଂକର ଶାଖାରେ ଶାଖାରେ ପକ୍ଷୀମାନଂକର କଳରବ ଏକ ଅଶେଷ ସମ୍ମୋହନ ସୃଷ୍ଟି କରୁଚି, ପବନରେ । ଅସ୍ପଷ୍ଟ ପାହାଡ଼ର ଅରୁଣିମାରେ ଅସ୍ଥିର ଦିଗ୍‌ବଳୟ କବିତାର କେତୋଟି ଅଲିଖିତ ପଂକ୍ତି ଭଳି ଦିଶୁଛି । ଏପରି ଏକ ସମୟ ଯେତେବେଳେ ତରୁଣତମ ନାଉରୀର ତରଳ ସ୍ୱପ୍ନ ଭଳି ମନେହେଉଚି ଜୀବନ । କାଳିଦାସଂକ ଆଖିରେ ଏକ ଚପଳ, ଚତୁର ନଦୀର ହଠାତ୍ ବନ୍ୟାଗ୍ରସ୍ତ ହୋଇଯିବାର ତତ୍‌ପର ଆବେଗ । ମନରେ ଅନେକ ଜନ୍ମର ସଂଚିତ ଓ ସହଜାତ ସହଜ ଭାବ । କାଳିଦାସଂକ ସହ ଜଟାଧାରୀ ସନ୍ନ୍ୟାସୀ ଏକ । ବହୁ ପରିଚିତ, ବହୁ ଅପରିଚିତ ଆବେଗର ଜଟିଳ ସେତୁ ସନ୍ନ୍ୟାସୀଂକ ସହ ତାଂକ ସଂପର୍କ । ସନ୍ନ୍ୟାସୀଂକ ଏକ ହାତରେ ଶୃଙ୍ଖଳା ତାଳପତ୍ରର ଛତା, ଯେମିତି ଦୂରଂତ ନଦୀ ଉପରେ ଇଂଦ୍ରଧନୁର ଚଂଦ୍ରାତପ । ଅନ୍ୟ ହାତରେ କମଂଡଳୁ । ଶରୀର ସାରା ଚିରଂତନୀର ଭସ୍ମ । ବହୁ ଜନ୍ମ, ବହୁ ମୃତ୍ୟୁ, ବହୁ ଦୁଃଖ, ଯଂତ୍ରଣା ଓ ଉଲ୍ଲାସ ସହ ସହଜ ଭାବେ ବାଂଧି ହୋଇପାରୁଥିବା ଏକ ପ୍ରଳୟଂକରୀ ଚେତନା ସେ ।

କାଳିଦାସ: (ହଠାତ୍ ଅଦୂର ପାହାଡ଼ ଆଡ଼କୁ ଦୃଷ୍ଟି ନିକ୍ଷେପ କରି ଏକ ପ୍ରକାର ସ୍ୱପ୍ନାବିଷ୍ଟ ଉଦ୍ଦୀପନା ଭିତରେ) ସମ୍ମୁଖକୁ ଚାହାଂତୁ ମହାଭାଗ। ଦୀର୍ଘକାୟ ଶାଳଗଛରେ ପତ୍ରଂକର ସାରସ୍ୱତ ସମାରୋହକୁ ଦେଖଂତୁ। ଶାଳଗଛର ସର୍ବଶେଷ ଶାଖାରେ ଦୁଇ ସରଳ ପକ୍ଷୀଂକ କେଳିକୁ ଉପଭୋଗ କରଂତୁ। ଗଛଟିର ଚପଳ ଚେତନାରେ ଚଳମାନ ପକ୍ଷୀଂକର ଅନୁଚ୍ଚାରିତ ଅନୁଭବକୁ ଅନୁଧ୍ୟାନ କରଂତୁ ।

ସନ୍ନ୍ୟାସୀ: (ପାହାଡ଼ ଆଡ଼କୁ ଦୃଷ୍ଟି ନିକ୍ଷେପ କରି ତଥା ଇଷତ୍ ହସ ହସି) ମାୟା-

ଫାଶକୁ କାଟିଦିଅ, କାଳିଦାସ ! ଚିଂତାର ଚକୋରକୁ ବାଂଧିରଖନା ମାୟା-ପଂଜୁରୀରେ। ପଂଜୁରୀ ଖୋଲି ଉଡ଼େଇଦିଅ ଚକୋରକୁ, ଦୂରକୁ। ଦେଖ, ମାଳମାଳ ପତ୍ର ଭିତରେ ଗୋଟିଏ ମାତ୍ର ପକ୍ଷୀ, ନୀରବିତ ନୀଡ଼ଟି ଚାଦର ଭଳି ଝୁଲୁଛି ଶୂନ୍ୟରୁ ।

କାଳିଦାସ: ଆଉ ଟିକେ ନିରେଖି ଦେଖଂତୁ, ମହାଭାଗ ! ଗହଳ ପତ୍ର ଭିତରକୁ ଚାହାଂତୁ । ଦୁଇଗୋଟି ପକ୍ଷୀ। ଗୋଟିଏ ପଦ୍ମ ପତ୍ର ଓ ଅନ୍ୟଟି ତାର ତରଳ ଉଚ୍ଛ୍ୱାସ। ଗୋଟିଏ ପବନ ତ ଅନ୍ୟଟି ତା' ତରଳ ଆଶ୍ଳେଷ । ଗୋଟିଏ କାମନା ତ ଅନ୍ୟଟି ସେ କାମନାର ଡାଳ ।

ସନ୍ନ୍ୟାସୀ: ପାହାଡ଼ର ପାଦଦେଶକୁ ଓଦା କରି, ଗଛ ତଳେ ତାର ଶିରା ପ୍ରଶିରାକୁ ଭେଦ କରି, ତାଦର ଆତ୍ମାକୁ ତଲ୍ଲୀନ କରି ବୋହିଯାଉଥିବା ନଦୀ ପ୍ରବାହକୁ ଇଂଗିତ କରି) ମାୟାରେ ପ୍ରଲୁବ୍ଧ କାଳିଦାସ ! ନଦୀ ଜଳରେ ପକ୍ଷୀ-ପ୍ରତୀୟମାନ ଛାଇକୁ ଦେଖ। ପକ୍ଷୀର ଚଳନଶୀଳ ଛାଇ କ'ଣ ପକ୍ଷୀ, କାଳିଦାସ ? ଗହଳ ପତ୍ର ଫାଙ୍କରେ ଦେଖ ଏକ ମାତ୍ର ପକ୍ଷୀ । ପାରୁଚ ତ ଗଛର ବାହୁ-ଫାଶରୁ ଉଡ଼େଇଦିଅ ପକ୍ଷୀଂକୁ ଛାୟାସିକ୍ତ ନଦୀ ଜଳରେ ବୁଡ଼େଇ ଦିଅ ଭ୍ରମର ଚିର ଚମକକୁ। ରକ୍ତ ମାଂସ ଓ ମେଦରେ ମଂଡ଼ିତ ଏକ ଅନୁପମ ଯଂତ୍ରକୁ ଦେଖ ଶରୀର। ଶରୀରର ଜଟିଳ ଅଭ୍ୟଂତରକୁ ଦେଖ ମନ ମନର ମନନଶୀଳ ଅସ୍ତିତ୍ୱକୁ ଦେଖ ମନନ। କି' ଶରୀର ? କି' ମନ ? କି' ମନନ? ସବୁର ଊର୍ଦ୍ଧ୍ୱରେ ଦେଖ : ଏକ ନୂତନ ଚଂଦ୍ରାଲୋକ ଏହାପରେ କେଉଁ ଭ୍ରମ, କେଉଁ ମୋହ, କାଳିଦାସ !

ହଠାତ୍ ରାତି ହେଲାଭଳି ବୋଧହେଲା ଏବଂ ବାଳସୂର୍ଯ୍ୟର ଆଲୋକ ପୃଥିବୀକୁ ଧୀରେ ଧୀରେ କବଳିତ କରିବାକୁ ଲାଗିଲା । ଏକ ଅନାହୁତ ଅଥଚ ଅନନ୍ୟ ଭୟରେ ଥରି ଉଠିଲେ କାଳିଦାସ । ଚାହୁଁ ଚାହୁଁ ତାଂକ ଦୀର୍ଘଶ୍ୱାସ ମୃତ୍ୟୁ ପରି ତାଂକ ପ୍ରତ୍ୟେକ ଶିରା ଓ ପ୍ରଶିରାକୁ ସଂକ୍ରମିତ କରିବାକୁ ଲାଗିଲା । ତାପରେ ଧୀରେ ଧୀରେ ଯବନିକା ନଇଁଆସିଲା ।

■

ମାୟାଘେରରେ କାଳିଦାସ : ୩୦

ସଂସାରରେ ସବୁଠୁ ଆଶ୍ଚର୍ଯ୍ୟ କ'ଣ
କାଳିଦାସ ?
ସବୁ ଦିନ, ସବୁ ମୁହୂର୍ତ୍ତରେ
ନଦୀ ବାଲିରେ ଖସି ଖସି ଯାଉଚି ତମ ପାଦ
ଅଥଚ ବାଲିର ଜାହାଜରେ ପାଦ ଥାପି
ଭାବୁଚ : ଜାହାଜ ତମ ଚରମ ଆଶ୍ରୟ !

ଅବଶ୍ୟ ଜାହାଜରେ ଆରମ୍ଭ ହୁଏ ଯାତ୍ରା
ଜାହାଜରେ ସମାପ୍ତ ହୁଏ ଯାତ୍ରା ।

ଜାହାଜ ଭଳି
ଧୂମାଳ ରାତିର ଧୂଆଁରେ
ଧୂମାଭ ହୋଇଉଠେ ଦେହ ।
ଦେହର କାରାବାସରେ କବଳିତ କାୟା
ଖସିଆସେ ନଂଗରରୁ ଜାହାଜର ।
ଜାହାଜ ପହଂଚିଯାଏ ବଂଦରରେ ।

ଜୀବନର ମାନେ କ'ଣ କାଳିଦାସ ?
କେଉଁ ଅଦୃଶ୍ୟ, ଅତୃପ୍ତ ହାତର ପ୍ରତିବିଂବ
ନା କେଉଁ ଅସୀମ, ଅପାର ଅସୂୟାର ଅଂଧ
ଅନୁଭବ ?
ଜଂଗଲୀ ଜୋକ ଭଳି ଜୀବନକୁ
ଶୋଷୁଥିବା ଜହ୍ଲାଦ ଜଂଗଲ କ'ଣ ବୁଝେ
ଜହ୍ନରାତିରେ କାହିଁକି ଜ୍ୱଳମାନ ଦିଶୁଥାଏ
ଜାହାଜ !
ଯଦିଓ ବାହାରକୁ ଲାଗୁଥାଏ ସବୁ ଠିକ୍‌ଠାକ୍
ଯେମିତି ନଦୀର ବିପରୀତ ସ୍ରୋତରେ
କୁଂଭୀର !

■

ମାୟାଘେରରେ କାଳିଦାସ : ୩୧

ଶତ୍ରୁକୁ ସଲାମ କର, କାଳିଦାସ !
ଶତ୍ରୁଠୁ ପ୍ରିୟତର
ତା ଆଖିଠାରୁ କ୍ଷିପ୍ରତର
ତା ବିଶ୍ୱାସଠାରୁ ବୃହତ୍ତର
ଚେତନା ଆଉ କ'ଣ ?
ତା ଦର୍ପ ଓ ଦଂଭର ଦର୍ପଣରେ
ଅଧିକ ରୋମାଂଚକର
ଅଧିକ ରସଘନ
ଜୀବନର ଘନୀଭୂତ
ପ୍ରତିବିଂବ ଆଉ କ'ଣ ?

ଅତିରିକ୍ତ ଅଂଧାରରେ
ସିଂଦୂରସିକ୍ତ ମଂଦାର ଫୁଲରେ
ମଂତ୍ରବଶ ଦେବୀ ଶୋଷୁଥିବା
ଯଂତ୍ରଣାର କଠୋର ରକ୍ତରେ
ପ୍ରଲୋଭନ ପାଲିଂକିରେ
ମୂର୍ଚ୍ଛାର ସମ ବୁହା ହେବା ଆୟୁଷରେ
ଥାଏ ଶତ୍ରୁ ?

ଛୁରିଅନା ଡାଳରେ ଛଂଚାଣର ଗୋଡ଼
ପରି ନିର୍ମମ

କୋକୁଆର କୁଟିଳ ଡାକରେ
ବୃଦ୍ଧଂକ ହୃତ୍‌ପିଂଡ଼ ପରି ନିଶ୍ଚଳ
ତରାଟ ଫୁଲରେ କପଟୀ ପ୍ରଜାପତିର
ଶୁଂଢ଼ ପରି ନିଷ୍ଠୁର
ଦିଶୁଥାଏ ତା ମୁହଁ
ବିଷ ପରି ନୀଳ
ରୋଷ ପରି ଲାଲ ?
ତାକୁ ସଲାମ କର କାଳିଦାସ !

ଭ୍ରମମୁକ୍ତ ଭାଗ୍ୟର
ଦର୍ପଣରେ ଦେଖ
ଭିତରର ଅଳିଂଦ ଓ ନିଳୟରେ
ଦ୍ରବୀଭୁତ ଆତ୍ମାକୁ ନିରେଖ
ସାତ୍ମାର ଶତ୍ରୁ ପରି ଆଉ ଏକ ରୂପ
ଆଉ ଏକ ପ୍ରତିବିଂବ
ଏକ ଆଖି
ଏକ ଦାଂତ
ଏକ ଜିଭ
ଏକ ମନ
ଏକକ ମନନ
ସେଇ ତମ ନିଜ ରୂପ, କାଳିଦାସ !
ଛାୟାଚିତ୍ର, ତମର ଆତ୍ମାର,
ତାକୁ ତମେ ଘୃଣାକର
ପ୍ରେମକର
ପ୍ରାଣମୟ କର ।

ଶତ୍ରୁକୁ ସଲାମ କର, କାଳିଦାସ

■

ମାୟାଘେରରେ କାଳିଦାସ : ୩୨

କାଳିଦାସ, ଯାଅ ଭିତରକୁ ଯାଅ ।
ଭିତରର ନୀରବ
ଆତ୍ମୀୟତାରେ ତାର ତନୁର
ତନିମାକୁ ତନ୍ମୟ କର ।

କୁଟିକମ ଖଟ ଉପରେ ଲୋଟୁଥିବା
କୁରଂଗୀକୁ ଲୋଲୁପ
ଆଖିରେ ଦେଖୁଦେଖୁ
ତାକୁ ଅନାବରଣ କର ।
ତାର ଆସ୍ଫାଳନରେ ଅନୁଭବ କର
ସଦ୍ୟ ଦଳେ ଯୁବକଂକ
ନଦୀ ପାରହେବାର ରୋମାଂଚ ।

ତାର ବଧୂଲି-ଲାଲ ଦେହକୁ
ଚୁଂବନରେ ଚମକାଇଲା ବେଳେ
ତାର ଶୃଂଗକୁ ଛୁଅଁ । ତାର ଘାସ ଏବଂ
ଘର୍ମର ରନ୍ଧ୍ର ଦ୍ୱାରରେ ପ୍ରବେଶ କର ।

ଚଳଚଂଚଳ ନଦୀଜଳରେ
ଅନୁଭବ କର ନୀଳ ହଂସର ପହଂରିବାର
କୌଶଳ । ପହଂରୁ ପହଂରୁ ଶୁଣ
ଭଳିଭଳି କାକଳି ପକ୍ଷୀଂକ ।
ମୁହୂର୍ତ୍ତକରେ ବୁଝିନିଅ
ଏ ପଲଂକ ନା ତମ ନିଜର
ପଲଂକରେ ଉପବିଷ୍ଟା କୁରଂଗୀ
ନା ତମ ପ୍ରାଣର
ଏବଂ ନା ତନୁର ତନିମା
କେବଳ ତମର ସ୍ୱପ୍ନ !

■

ମାୟାଘେରରେ କାଳିଦାସ : ୩୩

ପଛକୁ ଫେରି ଆଉ ଦେଖନା

ଯାହାକୁ ଦେଖିବନି ବୋଲି
ବିଦାୟ ନେଇଚ ମଂଚରୁ ।
ଜଟା କମଂଡଳୁରେ
ଯବନିକା ଟାଣିଦେଇଚ ଜଟିଳତାରୁ ।
ରାତିଶେଷ ଗୋପନୀୟତା ପରି
ଆବୋରିନେଇଚ ଅଂଧପଣକୁ ।

ତମ ପଛରେ ଆଜି କେବଳ
କଷଣ : ସାପଗାତର ।
ଦୂଷଣ : ଦୁଃସମୟର ।
କିଛି ହେବ ବୋଲି ନ ହୋଇପାରିବାର
ଭାରି ଭାରି ଭାବ ।
ଧୀର ଜଳର ମଂଡ଼ପରେ
ଅଧୀରତାର ଅପଯଶ ।

ତମ ପଛରେ କେବଳ ଅତ୍ୟାଚାର ।
ରକ୍ତମୁଖା ଛଂଚାଣଂକ ଚଂଚୁରେ ଏବେ ବି
ଲାଗିଚି ଖଂଡ ଖଂଡ ମାଂସ
ଗୋଟିଏ ପରେ ଗୋଟେ ହତ୍ୟାରେ

ଧୂଳିସାତ୍ ହୋଇଯାଇଚି ସ୍ୱପ୍ନ ।
ଯା'ହେଉ ଧୂଳି ଆଉ ଧ୍ୟାନରେ
ତମେ ପାଇଯାଇଛ ମୁକ୍ତି ।
ଜଂଜାଳର ଯମଦୂତଂକଠୁ ଦୂରେଇ ଯାଇଚ
ପରକାଳକୁ ।
ଦୂରେଇ ଯାଇଚ ସଂଯୋଗ ବା
ବିଯୋଗଜନିତ ଯଂତ୍ରଣାରୁ ।

ତଥାପି କାହିଁକି, କାଳିଦାସ,
ବାରଂବାର ଫେରିଚାହୁଁଚ ପଛକୁ ?

■

Printed by BoD™in Norderstedt, Germany

9 781645 600442